行動未必帶來幸福，

也沒有幸福是不需行動的。

——威廉・詹姆士（美國哲學與心理學家）

創造你的6分鐘日記

……囉唆得夠多了，現在輪到你，是時候採取行動了！

在開始前，爲你生活的各領域打個分數（1＝最糟糕/10＝最好）。接著，在分數旁邊加上一個箭頭，表示這個領域是變好還是變壞了。每四個星期要做一次這個評量。

舉例：

感恩	1	2	3	4	5	6	(7)	8	9	10	←

你的每月檢視

整體情緒	1	2	3	4	5	6	7	8	9	10
感恩	1	2	3	4	5	6	7	8	9	10
正念	1	2	3	4	5	6	7	8	9	10
家庭	1	2	3	4	5	6	7	8	9	10
朋友	1	2	3	4	5	6	7	8	9	10
伴侶	1	2	3	4	5	6	7	8	9	10
娛樂	1	2	3	4	5	6	7	8	9	10
平靜與安詳	1	2	3	4	5	6	7	8	9	10
自己的時間	1	2	3	4	5	6	7	8	9	10
健康飲食	1	2	3	4	5	6	7	8	9	10
喝水	1	2	3	4	5	6	7	8	9	10
運動與活動	1	2	3	4	5	6	7	8	9	10
外出	1	2	3	4	5	6	7	8	9	10
健康	1	2	3	4	5	6	7	8	9	10
創造力	1	2	3	4	5	6	7	8	9	10
財務	1	2	3	4	5	6	7	8	9	10
工作與教育	1	2	3	4	5	6	7	8	9	10
思想與情緒	1	2	3	4	5	6	7	8	9	10
當下	1	2	3	4	5	6	7	8	9	10
未來	1	2	3	4	5	6	7	8	9	10

你已經聽過「習慣」的偉大力量了，那麼現在，你可以用它來把你的習慣引導到正確的方向。你想要建立什麼正面的習慣？每兩天去一次健身房、戒菸、每天閱讀20分鐘，或是每天跟人擊掌三次……不管你是要追蹤現有的習慣、擺脫舊有的習慣，還是培養新習慣到生活中，這個每月習慣追蹤表都可以幫助你達成目標。

舉例：

喝1.5公升的水

1	2	3	4	5	6	7	8	9	10	11	12	13	14	15	16
17	18	19	20	21	22	23	24	25	26	27	28	29	30	31	

你的每月習慣追蹤表 ________________

1	2	3	4	5	6	7	8	9	10	11	12	13	14	15	16
17	18	19	20	21	22	23	24	25	26	27	28	29	30	31	

你的每月習慣追蹤表 ________________

1	2	3	4	5	6	7	8	9	10	11	12	13	14	15	16
17	18	19	20	21	22	23	24	25	26	27	28	29	30	31	

重複的行為造就了我們。

因此，卓越不是一種行為，而是一種習慣。

——亞里斯多德

每週問題

你當前最大的擔憂是什麼？
想像那不是你的憂慮，而是你最好朋友的憂慮，你會給他／她什麼建議？

根據你每天的規律和行動，你認為自己5年後會是什麼樣子？
如果你繼續做現在正在做的事情，你會成為什麼樣的人？

你現在最要好的朋友是誰？
關於這個人，你最感恩的部分是什麼？
你覺得他們最珍惜、欣賞你的什麼地方？

讓我們回到過去：
如果你有機會跟10年前的自己說30秒的話，你會給過去的自己的什麼建議？

你上一次喜極而泣是什麼時候？
那上一次因為好的經驗而起雞皮疙瘩是什麼時候？

/ /

我很感恩……

1.

2.

3.

我要讓這一天變得很棒的方法

正向自我肯定

每週挑戰

寫一封電子郵件到未來，給完成第一本「6分鐘日記」的你（約6個月後），描述你認為那時的自己和生活是什麼樣子。

我今天做的好事

我要如何改善？

我今天經歷的美好事物／幸福時刻

1.

2.

3.

/ /

我很感恩……

1.

2.

3.

我要讓這一天變得很棒的方法

正向自我肯定

預測未來的最佳方式，就是創造它。
──林肯（前美國總統）

我今天做的好事

我要如何改善？

我今天經歷的美好事物／幸福時刻

1.

2.

3.

/ /

我很感恩……

1.

2.

3.

我要讓這一天變得很棒的方法

正向自我肯定

白天作夢的人可認知很多事情，而只有晚上作夢的人都讓它們逃掉了。

——愛倫坡（英國作家）

我今天做的好事

我要如何改善？

我今天經歷的美好事物／幸福時刻

1.

2.

3.

/ /

我很感恩……

1.

2.

3.

我要讓這一天變得很棒的方法

正向自我肯定

人生中重要的就是人生，不是人生的結果。

——歌德

我今天做的好事

我要如何改善？

我今天經歷的美好事物／幸福時刻

1.

2.

3.

/ /

我很感恩……

1.

2.

3.

我要讓這一天變得很棒的方法

正向自我肯定

朝著正確的方向邁出許多小步，好過奮力一跳卻踉蹌後退。

——中國諺語

我今天做的好事

我要如何改善？

我今天經歷的美好事物／幸福時刻

1.

2.

3.

/ /

我很感恩……

1.

2.

3.

我要讓這一天變得很棒的方法

正向自我肯定

各盡所能，各取所需。
——馬克斯

我今天做的好事

我要如何改善？

我今天經歷的美好事物／幸福時刻

1.

2.

3.

/ /

我很感恩……

1.

2.

3.

我要讓這一天變得很棒的方法

正向自我肯定

樂觀者不會站在雨中，他是在雲底下淋浴。

——托馬斯．羅曼努斯（德國作家）

我今天做的好事

我要如何改善？

我今天經歷的美好事物／幸福時刻

1.

2.

3.

心情紀錄

每週問題

根據成功哲學大師吉姆．羅恩，你是你最常相處的五個人的平均值。
以現在的你來說，這幾個人是誰？他們反映出你是誰到什麼程度？

你最喜歡自己的什麼？為什麼？你愛自己嗎？

哪個讚美對你的影響最大？它如何影響了你的人生？
上一次你稱讚某個人，而他們聽了真的很開心，是什麼時候？

如果不必害怕失敗，你會立刻去做什麼？

哪個主題是你樂於花好幾個小時談論的？你上一次談它是什麼時候？

/ /

我很感恩……

1.

2.

3.

我要讓這一天變得很棒的方法

正向自我肯定

每週挑戰

那些意料之外的快樂，通常都是最棒的經驗，對吧？
你不經意的良善舉動，可以讓他人開心一整天。
所以，去為某人做一些他們未曾預料到的好事吧。

我今天做的好事

我要如何改善？

我今天經歷的美好事物／幸福時刻

1.

2.

3.

/ /

我很感恩……

1.

2.

3.

我要讓這一天變得很棒的方法

正向自我肯定

任何有人類的地方，就有機會出現善良之舉。
——塞內卡

我今天做的好事

我要如何改善？

我今天經歷的美好事物／幸福時刻

1.

2.

3.

/ /

我很感恩……

1.

2.

3.

我要讓這一天變得很棒的方法

正向自我肯定

一滴愛勝過整個海洋的智識。

——布萊茲・帕斯卡（法國神學、科學、哲學、數學家）

我今天做的好事

我要如何改善？

我今天經歷的美好事物／幸福時刻

1.

2.

3.

/ /

我很感恩……

1.

2.

3.

我要讓這一天變得很棒的方法

正向自我肯定

會去看每個事件的光明面，這個習慣的價值超過每年獲得1000鎊。

——塞繆爾．詹森（英國文學家）

我今天做的好事

我要如何改善？

我今天經歷的美好事物／幸福時刻

1.

2.

3.

/ /

我很感恩……

1.

2.

3.

我要讓這一天變得很棒的方法

正向自我肯定

移大山始於運小石。

——孔子

我今天做的好事

我要如何改善？

我今天經歷的美好事物／幸福時刻

1.

2.

3.

___ / ___ / ___

我很感恩……

1.

2.

3.

我要讓這一天變得很棒的方法

正向自我肯定

誠實可能不會帶給你很多朋友，但總能帶給你對的朋友。

——約翰．藍儂（英國歌手）

我今天做的好事

我要如何改善？

我今天經歷的美好事物／幸福時刻

1.

2.

3.

/ /

我很感恩……

1.

2.

3.

我要讓這一天變得很棒的方法

正向自我肯定

改變的祕訣不是把你全部精力集中於對抗舊的，而是要建立新的。

——蘇格拉底

我今天做的好事

我要如何改善？

我今天經歷的美好事物／幸福時刻

1.

2.

3.

心情紀錄

每週問題

目前你生活中的優先事項前三名是什麼？
你真心想要把時間和精力投注在什麼地方？
（若你要想一眼看到所有優先事項，可以寫在本書的空白頁面。）

你是如何花太多時間在不是優先事項的事情上？你可以怎麼減少這些時間？
製作一個「別做清單」，提升你對優先事項的覺知。
（同樣的，你可以寫在本書的空白頁面。）

你花太多時間在擔心什麼事？
這在5年內有影響嗎？在5星期內有影響嗎？還是5天？

你認為，大部分人在第一次見到你的前5秒內會有什麼想法？

你認為自己必須做到什麼，才配能得到另一項事物嗎？為什麼？

/ /

我很感恩……

1.

2.

3.

我要讓這一天變得很棒的方法

正向自我肯定

每週挑戰

斯多葛學派哲學家塞內卡說過：「想像帶給我們的折磨比現實還多。」
2000年後，一篇研究證實了他的說法，研究表示：我們擔心的事情中，只有15%真的成為現實，而這些現實中，有80%比我們一開始以為的更容易解決。
所以要記住，杯子確實是半滿的，用更樂觀的心態去過日子吧。

我今天做的好事

我要如何改善？

我今天經歷的美好事物／幸福時刻

1.

2.

3.

/ /

我很感恩……

1.

2.

3.

我要讓這一天變得很棒的方法

正向自我肯定

人對於真實問題的憂慮，還不及對真實問題而想像出的焦慮來得多。

── 愛比克泰德（古羅馬哲學家）

我今天做的好事

我要如何改善？

我今天經歷的美好事物／幸福時刻

1.

2.

3.

/ /

我很感恩……

1.

2.

3.

我要讓這一天變得很棒的方法

正向自我肯定

不要因為渴望得到你沒有的東西，而毀了你已經擁有的。
要記得，你現在擁有的，曾經也是你只能希望擁有的。
——伊比鳩魯（古希臘哲學家）

我今天做的好事

我要如何改善？

我今天經歷的美好事物／幸福時刻

1.

2.

3.

/ /

我很感恩……

1.

2.

3.

我要讓這一天變得很棒的方法

正向自我肯定

大多數人高估了自己1年內能做的事，而低估了自己10年內能做的事。

——比爾．蓋茲

我今天做的好事

我要如何改善？

我今天經歷的美好事物／幸福時刻

1.

2.

3.

/ /

我很感恩……

1.

2.

3.

我要讓這一天變得很棒的方法

正向自我肯定

生命中最大的挑戰，就是在一個試著讓你跟所有人一樣的世界裡做自己。
——愛默生

我今天做的好事

我要如何改善？

我今天經歷的美好事物／幸福時刻

1.

2.

3.

/ /

我很感恩……

1.

2.

3.

我要讓這一天變得很棒的方法

正向自我肯定

對一個人辛苦的最大報酬，不是他們因此得到什麼，而是成為了什麼。

——約翰．羅斯金（英國藝術評論家）

我今天做的好事

我要如何改善？

我今天經歷的美好事物／幸福時刻

1.

2.

3.

/ /

我很感恩……

1.

2.

3.

我要讓這一天變得很棒的方法

正向自我肯定

你習慣性的想法是什麼，內心性格也會變成那樣，因為靈魂是由思想上色的。

——馬可．奧里略（前羅馬帝國皇帝）

我今天做的好事

我要如何改善？

我今天經歷的美好事物／幸福時刻

1.

2.

3.

心情紀錄

每週問題

你有缺點？每個人都有呀。你的缺點使得你跟你的優點一樣獨特。
你的缺點是什麼？寫下來，去擁抱、慶祝缺點、因缺點而自豪！

你目前最有害的三個習慣是什麼？
其中最有害的是哪一個，你為什麼還不擺脫它？
何不使用每月習慣追蹤表來幫助你打破這個習慣呢？

你上一次差點要放棄某件事情是何時？最後是什麼讓你沒有真的放棄呢？

你上一次做某件沒人預料到，甚至連你都沒想過自己會去做的事，是何時？
那令你有什麼感覺？

誰和什麼最常令你笑？

/ /

我很感恩……

1.

2.

3.

我要讓這一天變得很棒的方法

正向自我肯定

每週挑戰

這一週，你是正面積極的代名詞！

如果你注意到有人說別人的壞話，你就要去說那個人的好話。

我今天做的好事

我要如何改善？

我今天經歷的美好事物／幸福時刻

1.

2.

3.

/ /

我很感恩……

1.

2.

3.

我要讓這一天變得很棒的方法

正向自我肯定

種了樹，而知道自己永遠不會坐在那樹蔭下的人，
至少已經開始理解生命的意義了。
——泰戈爾

我今天做的好事

我要如何改善？

我今天經歷的美好事物／幸福時刻

1.

2.

3.

/ /

我很感恩……

1.

2.

3.

我要讓這一天變得很棒的方法

正向自我肯定

在我們背後與面前的東西，比起在我們心裡的東西，根本微不足道。

——愛默生

我今天做的好事

我要如何改善？

我今天經歷的美好事物／幸福時刻

1.

2.

3.

/ /

我很感恩……

1.

2.

3.

我要讓這一天變得很棒的方法

正向自我肯定

我們內心的成就將會改變外在現實。

——普魯塔克（羅馬時代希臘作家）

我今天做的好事

我要如何改善？

我今天經歷的美好事物／幸福時刻

1.

2.

3.

/ /

我很感恩……

1.

2.

3.

我要讓這一天變得很棒的方法

正向自我肯定

只有內心純淨的人才能做出好湯。
——貝多芬

我今天做的好事

我要如何改善？

我今天經歷的美好事物／幸福時刻

1.

2.

3.

/ /

我很感恩……

1.

2.

3.

我要讓這一天變得很棒的方法

正向自我肯定

我沒有失敗，我只是找到一萬種沒有效的方法。

——愛迪生

我今天做的好事

我要如何改善？

我今天經歷的美好事物／幸福時刻

1.

2.

3.

/ /

我很感恩……

1.

2.

3.

我要讓這一天變得很棒的方法

正向自我肯定

每個真正的男人心中，都藏著一個想玩耍的孩子。
——尼采

我今天做的好事

我要如何改善？

我今天經歷的美好事物／幸福時刻

1.

2.

3.

心情紀錄

每週問題

你真正引以為傲的個性和成就是什麼？是什麼特別讓你感覺如此自豪？

如果你可以改變性別一天，你想要做什麼？你會最期待什麼？

如果你得在監獄裡待2年，你會用這段時間做什麼？

你覺得變老最大的好處是什麼？

10年前，你人生中最重要的三個人是誰？
現在這三個人又是誰，什麼改變了或沒改變？

你的每月檢視

整體情緒	1	2	3	4	5	6	7	8	9	10
感恩	1	2	3	4	5	6	7	8	9	10
正念	1	2	3	4	5	6	7	8	9	10
家庭	1	2	3	4	5	6	7	8	9	10
朋友	1	2	3	4	5	6	7	8	9	10
伴侶	1	2	3	4	5	6	7	8	9	10
娛樂	1	2	3	4	5	6	7	8	9	10
平靜與安詳	1	2	3	4	5	6	7	8	9	10
自己的時間	1	2	3	4	5	6	7	8	9	10
健康飲食	1	2	3	4	5	6	7	8	9	10
喝水	1	2	3	4	5	6	7	8	9	10
運動與活動	1	2	3	4	5	6	7	8	9	10
外出	1	2	3	4	5	6	7	8	9	10
健康	1	2	3	4	5	6	7	8	9	10
創造力	1	2	3	4	5	6	7	8	9	10
財務	1	2	3	4	5	6	7	8	9	10
工作與教育	1	2	3	4	5	6	7	8	9	10
思想與情緒	1	2	3	4	5	6	7	8	9	10
當下	1	2	3	4	5	6	7	8	9	10
未來	1	2	3	4	5	6	7	8	9	10

你的每月習慣追蹤表 ____________________

1	2	3	4	5	6	7	8	9	10	11	12	13	14	15	16
17	18	19	20	21	22	23	24	25	26	27	28	29	30	31	

你的每月習慣追蹤表 ____________________

1	2	3	4	5	6	7	8	9	10	11	12	13	14	15	16
17	18	19	20	21	22	23	24	25	26	27	28	29	30	31	

/ /

我很感恩……

1.

2.

3.

我要讓這一天變得很棒的方法

正向自我肯定

每週挑戰

你知道達文西、柯林頓、柴契爾夫人，和愛因斯坦有什麼共同點嗎？
他們每天睡午覺。事實上，日本憲法甚至保障睡午覺的權利。
讓自己偶爾小睡20分鐘，享受專注力提升、記憶力改善和壓力減輕等好處吧。

我今天做的好事

我要如何改善？

我今天經歷的美好事物／幸福時刻

1.

2.

3.

/ /

我很感恩……

1.

2.

3.

我要讓這一天變得很棒的方法

正向自我肯定

放鬆的藝術，是工作藝術中的一部分。

——約翰・史坦貝克（美國作家）

我今天做的好事

我要如何改善？

我今天經歷的美好事物／幸福時刻

1.

2.

3.

/ /

我很感恩……

1.

2.

3.

我要讓這一天變得很棒的方法

正向自我肯定

如果一個人不知道他要航向哪個港口，就沒有適合的風向。
——塞內卡（羅馬時代哲學家）

我今天做的好事

我要如何改善？

我今天經歷的美好事物／幸福時刻

1.

2.

3.

/　　/

我很感恩……

1.

2.

3.

我要讓這一天變得很棒的方法

正向自我肯定

行動的時間就是現在，要做一件事永遠不會太晚。

——安東尼．聖修伯里（法國作家）

我今天做的好事

我要如何改善？

我今天經歷的美好事物／幸福時刻

1.

2.

3.

/ /

我很感恩……

1.

2.

3.

我要讓這一天變得很棒的方法

正向自我肯定

隨著年齡漸長，我越來越不注意人們說了什麼，我只看他們做了什麼。
——安德魯．卡內基（美國鋼鐵大王、慈善家）

我今天做的好事

我要如何改善？

我今天經歷的美好事物／幸福時刻

1.

2.

3.

/ /

我很感恩……

1.

2.

3.

我要讓這一天變得很棒的方法

正向自我肯定

你真心熱愛的事物會散發出奇異的引力，
任憑自己靜靜的受其吸引吧，它不會將你帶入歧途。
——魯米（波斯詩人）

我今天做的好事

我要如何改善？

我今天經歷的美好事物／幸福時刻

1.

2.

3.

/ /

我很感恩……

1.

2.

3.

我要讓這一天變得很棒的方法

正向自我肯定

如果遇到一個欠我們感謝的人，我們會立刻記住這件事；
那麼，我們有多少機會能碰到一個我們欠他感謝，卻能完全不計較的人呢。
——歌德

我今天做的好事

我要如何改善？

我今天經歷的美好事物／幸福時刻

1.

2.

3.

每週問題

我說「人生」，你會接什麼？別思考，就寫下第一個出現在你腦中的字詞。當你讓直覺引導你時，可能會很訝異你發現了什麼樣的自己。

人生

幽默

恐懼

愛

悲傷

誠實

未來

你為什麼選擇目前在追求的專業？你在做自己真心想做的事嗎？

到目前為止，你幾歲時最快樂？那時候有什麼特別之處？

你上一次對某人說謊是什麼時候，為什麼說謊？
在你人生的哪個領域，你正在對自己說謊？

如果你可以看到過去或未來的某個事件，那會是什麼？

/ /

我很感恩……

1.

2.

3.

我要讓這一天變得很棒的方法

正向自我肯定

每週挑戰

過去一年，你生活中最重要的人是誰？
何不透過簡短訊息、手寫紙條或一通電話，向那個人表達感謝呢？
看看YouTube上「感恩的實驗／幸福的科學」（An Experiment in Gratitude），
並親眼看看你的訊息有多大威力。

我今天做的好事

我要如何改善？

我今天經歷的美好事物／幸福時刻

1.

2.

3.

/ /

我很感恩……

1.

2.

3.

我要讓這一天變得很棒的方法

正向自我肯定

心中有感恩卻沒有表達，就像把禮物包好了卻沒送出去。

——威廉·亞瑟·沃德（美國作家）

我今天做的好事

我要如何改善？

我今天經歷的美好事物／幸福時刻

1.

2.

3.

/ /

我很感恩……

1.

2.

3.

我要讓這一天變得很棒的方法

正向自我肯定

沒有前往快樂的道路，快樂就是道路。

——佛陀

我今天做的好事

我要如何改善？

我今天經歷的美好事物／幸福時刻

1.

2.

3.

/ /

我很感恩……

1.

2.

3.

我要讓這一天變得很棒的方法

正向自我肯定

如果一整年都是玩樂假期，那麼遊玩就會變得跟工作一樣乏味。
——莎士比亞

我今天做的好事

我要如何改善？

我今天經歷的美好事物／幸福時刻

1.

2.

3.

/ /

我很感恩……

1.

2.

3.

我要讓這一天變得很棒的方法

正向自我肯定

人生是一塊巨大的畫布，你應該把所有顏料都丟上去。

——丹尼．凱（美國演員）

我今天做的好事

我要如何改善？

我今天經歷的美好事物／幸福時刻

1.

2.

3.

/ /

我很感恩……

1.

2.

3.

我要讓這一天變得很棒的方法

正向自我肯定

充分利用你自己，因為你的一切都在裡面。

——愛默生

我今天做的好事

我要如何改善？

我今天經歷的美好事物／幸福時刻

1.

2.

3.

/ /

我很感恩……

1.

2.

3.

我要讓這一天變得很棒的方法

正向自我肯定

浪費在他人身上的一天，不算浪費了自己的一天。

—— 查爾斯・狄更斯（英國作家）

我今天做的好事

我要如何改善？

我今天經歷的美好事物／幸福時刻

1.

2.

3.

心情紀錄

每週問題

接下來一年，你想要達成哪一個目標？這個目標會改善你當前的現實嗎？
當你達成後，你覺得會有什麼不一樣？你的短期努力和長期目標是一致的嗎？

想想你最近失去的、很重要的某人或某樣東西。
你從這個經驗中學到哪兩樣正面的見解？

你收過的最佳建議是什麼？你覺得自己給過他人的最佳建議是什麼？

如果你可以使用一個100公尺寬的超大型廣告看板，並放在任何你想放的位置，你會放在哪裡？你會在上面展示什麼，為什麼？

你的直覺一直在告訴你可能忽視了某樣東西，那是什麼？

/ /

我很感恩……

1.

2.

3.

我要讓這一天變得很棒的方法

正向自我肯定

每週挑戰

許多你最終會學到的事情，別人已經很熟練了。
這就是為什麼你要花好幾週（或幾個月）自己學習的東西，
比較有經驗的人卻可以在幾分鐘內教會你。你會讓自己主動去接觸那些人嗎？
這星期你會！去聯絡一個有經驗的人，學習他／她的人生教訓或智慧。

我今天做的好事

我要如何改善？

我今天經歷的美好事物／幸福時刻

1.

2.

3.

/ /

我很感恩……

1.

2.

3.

我要讓這一天變得很棒的方法

正向自我肯定

發問的人傻一時，從不發問的人傻一世。

—— 中國諺語

我今天做的好事

我要如何改善？

我今天經歷的美好事物／幸福時刻

1.

2.

3.

/ /

我很感恩……

1.

2.

3.

我要讓這一天變得很棒的方法

正向自我肯定

人生的幸福程度，取決於你思想的品質。

——馬可．奧里略

我今天做的好事

我要如何改善？

我今天經歷的美好事物／幸福時刻

1.

2.

3.

/ /

我很感恩……

1.

2.

3.

我要讓這一天變得很棒的方法

正向自我肯定

若你想要某樣你未曾擁有的東西，就必須願意去做某件你未曾做過的事。

——湯瑪斯・傑佛遜（前美國總統）

我今天做的好事

我要如何改善？

我今天經歷的美好事物／幸福時刻

1.

2.

3.

/ /

我很感恩……

1.

2.

3.

我要讓這一天變得很棒的方法

正向自我肯定

悲觀主義者在每個機會裡都看見困境，樂觀主義者在每個困境中都看見機會。
——邱吉爾

我今天做的好事

我要如何改善？

我今天經歷的美好事物／幸福時刻

1.

2.

3.

/ /

我很感恩……

1.

2.

3.

我要讓這一天變得很棒的方法

正向自我肯定

如果你嘗試的每件事都成功，那表示你還不夠努力。

——高登・摩爾（英特爾公司創辦人）

我今天做的好事

我要如何改善？

我今天經歷的美好事物／幸福時刻

1.

2.

3.

/ /

我很感恩……

1.

2.

3.

我要讓這一天變得很棒的方法

正向自我肯定

你不需要很傑出才能開始，但你必須開始才能傑出。
——吉格．金克拉（美國勵志作家、演說家）

我今天做的好事

我要如何改善？

我今天經歷的美好事物／幸福時刻

1.

2.

3.

心情紀錄

每週問題

想到「成功」這個詞時，最先出現在你腦中的兩個人是誰，為什麼？
對你個人而言，「成功」是什麼意思？

你的優點是什麼？什麼對你來說就是比其他人容易？
你要怎麼讓人生更加吻合你的優點和能力？

有什麼計畫被埋藏在心裡，值得你花更多時間和心力？
要讓它活過來，你現在就能做的一件事是什麼？

近來你最常出現的兩個想法是什麼？

如果你正在聯誼，你只能告訴對方一件關於自己的事，你會說什麼？

/ /

我很感恩……

1.

2.

3.

我要讓這一天變得很棒的方法

正向自我肯定

每週挑戰

全球最大對沖基金橋水聯合的創辦人雷·達利歐不斷的強調：
你必須知道自己的弱點，才能發揮你的潛力。
這一週，每天花10分鐘想想怎麼把弱點轉變為強項，
或者你也可以去找人、工具或機制，幫助你填補這個缺口。

我今天做的好事

我要如何改善？

我今天經歷的美好事物／幸福時刻

1.

2.

3.

/ /

我很感恩……

1.

2.

3.

我要讓這一天變得很棒的方法

正向自我肯定

我們的障礙只存在於自己的頭腦中。

——小羅斯福（前美國總統）

我今天做的好事

我要如何改善？

我今天經歷的美好事物／幸福時刻

1.

2.

3.

/ /

我很感恩……

1.

2.

3.

我要讓這一天變得很棒的方法

正向自我肯定

如果你對任何外在事物感到痛苦，那種痛並非來自事物本身，
而是你對它的判斷，你就有權力隨時撤銷這種判斷。
——馬可．奧里略

我今天做的好事

我要如何改善？

我今天經歷的美好事物／幸福時刻

1.

2.

3.

/ /

我很感恩……

1.

2.

3.

我要讓這一天變得很棒的方法

正向自我肯定

朋友就是知道你的一切而依然愛你的人。
——阿爾伯特．哈伯德（美國作家）

我今天做的好事

我要如何改善？

我今天經歷的美好事物／幸福時刻

1.

2.

3.

/ /

我很感恩……

1.

2.

3.

我要讓這一天變得很棒的方法

正向自我肯定

世界會讓開，讓知道自己要去哪裡的人通過。

——大衛．史塔爾．喬丹（美國教育家）

我今天做的好事

我要如何改善？

我今天經歷的美好事物／幸福時刻

1.

2.

3.

/ /

我很感恩……

1.

2.

3.

我要讓這一天變得很棒的方法

正向自我肯定

以偉大思想滋養你的頭腦，相信英雄才會成為英雄。

——班傑明・迪斯雷利（英國政治家）

我今天做的好事

我要如何改善？

我今天經歷的美好事物／幸福時刻

1.

2.

3.

/ /

我很感恩……

1.

2.

3.

我要讓這一天變得很棒的方法

正向自我肯定

幸福不是你為了未來而延後的事，而是為了現在而設計的事。

——吉姆．羅恩（美國企業家）

我今天做的好事

我要如何改善？

我今天經歷的美好事物／幸福時刻

1.

2.

3.

心情紀錄

每週問題

閉上眼睛，想像10年後和20年後的自己，你看到的自己在哪裡、是什麼樣子？
（幾年之後，再回來看你今天寫下的東西，將會非常有意思。）

10 年後：

20 年後：

誰對你的影響比較大，母親還是父親？
在他們對你的影響中，你最重視什麼與最不喜歡什麼？

去年你平均每週工作幾個小時？
你寧願工作得少一點，還是有更多喜歡的工作？為什麼？

「哇，我都忘記要吃午餐了！」
有什麼活動曾經讓你深深沉迷於其中，甚至忘記要吃飯或上廁所？

你最深、最大的恐懼是什麼？它曾經變成事實嗎？

你的每月檢視

整體情緒	1	2	3	4	5	6	7	8	9	10
感恩	1	2	3	4	5	6	7	8	9	10
正念	1	2	3	4	5	6	7	8	9	10
家庭	1	2	3	4	5	6	7	8	9	10
朋友	1	2	3	4	5	6	7	8	9	10
伴侶	1	2	3	4	5	6	7	8	9	10
娛樂	1	2	3	4	5	6	7	8	9	10
平靜與安詳	1	2	3	4	5	6	7	8	9	10
自己的時間	1	2	3	4	5	6	7	8	9	10
健康飲食	1	2	3	4	5	6	7	8	9	10
喝水	1	2	3	4	5	6	7	8	9	10
運動與活動	1	2	3	4	5	6	7	8	9	10
外出	1	2	3	4	5	6	7	8	9	10
健康	1	2	3	4	5	6	7	8	9	10
創造力	1	2	3	4	5	6	7	8	9	10
財務	1	2	3	4	5	6	7	8	9	10
工作與教育	1	2	3	4	5	6	7	8	9	10
思想與情緒	1	2	3	4	5	6	7	8	9	10
當下	1	2	3	4	5	6	7	8	9	10
未來	1	2	3	4	5	6	7	8	9	10

你的每月習慣追蹤表 ____________________

1	2	3	4	5	6	7	8	9	10	11	12	13	14	15	16
17	18	19	20	21	22	23	24	25	26	27	28	29	30	31	

你的每月習慣追蹤表 ____________________

1	2	3	4	5	6	7	8	9	10	11	12	13	14	15	16
17	18	19	20	21	22	23	24	25	26	27	28	29	30	31	

/ /

我很感恩……

1.

2.

3.

我要讓這一天變得很棒的方法

正向自我肯定

每週挑戰

你多常有很好的想法和靈光一閃，卻在幾秒鐘後就消失了？太糟糕了！
這一週，用小筆記本或手機捕捉這些「燈泡亮起的時刻」。
許多成功人士，像比爾．蓋茲、雪柔．桑德伯格、J.K.羅琳、理查．布蘭森，
都分享過這個記錄想法的好習慣。

我今天做的好事

我要如何改善？

我今天經歷的美好事物／幸福時刻

1.

2.

3.

/ /

我很感恩……

1.

2.

3.

我要讓這一天變得很棒的方法

正向自我肯定

頭腦是用來產生想法，而不是留著想法的。

——大衛・艾倫（美國高階經理人教練）

我今天做的好事

我要如何改善？

我今天經歷的美好事物／幸福時刻

1.

2.

3.

/ /

我很感恩……

1.

2.

3.

我要讓這一天變得很棒的方法

正向自我肯定

蝴蝶數算的不是月而是瞬間，因而有足夠的時間。

——泰戈爾

我今天做的好事

我要如何改善？

我今天經歷的美好事物／幸福時刻

1.

2.

3.

/ /

我很感恩……

1.

2.

3.

我要讓這一天變得很棒的方法

正向自我肯定

生命是用來創造影響，而非創造收入。

——凱文・克魯斯（美國暢銷作家）

我今天做的好事

我要如何改善？

我今天經歷的美好事物／幸福時刻

1.

2.

3.

/ /

我很感恩……

1.

2.

3.

我要讓這一天變得很棒的方法

正向自我肯定

許多人生的失敗，都是那些人在放棄時，並不清楚自己已經多靠近成功了。

——愛迪生

我今天做的好事

我要如何改善？

我今天經歷的美好事物／幸福時刻

1.

2.

3.

/ /

我很感恩……

1.

2.

3.

我要讓這一天變得很棒的方法

正向自我肯定

沒人知道自己能做到什麼，除非親自嘗試。

——普布里烏斯．西魯斯（羅馬時代文學家）

我今天做的好事

我要如何改善？

我今天經歷的美好事物／幸福時刻

1.

2.

3.

/ /

我很感恩……

1.

2.

3.

我要讓這一天變得很棒的方法

正向自我肯定

對於你不想看的事，你可以閉上眼睛，
但對於你不想感覺的事，你卻無法關上你的心。
——強尼．戴普

我今天做的好事

我要如何改善？

我今天經歷的美好事物／幸福時刻

1.

2.

3.

每週問題

你現在在戀愛中嗎？如果沒有，上次戀愛是什麼時候？
對你來說，戀愛的意義是什麼？當你在戀愛中時，有什麼感覺？

過去一年，你必須面對的最大挑戰是什麼？你怎麼克服它的？

有什麼東西是你希望可以拋下不管的？你很想要擺脫的討厭事物是什麼？

你想要留下什麼傳奇？到你人生的盡頭時，其他人應該記住你的什麼？
如果那是人生盡頭最重要的事，那麼現在有多重要呢？

想像你今天收到10年後的你寫給你的信，那時的你會給你什麼未來建議？

/ /

我很感恩⋯⋯

1.

2.

3.

我要讓這一天變得很棒的方法

正向自我肯定

每週挑戰

你是否有時會因覺得自己有很重要的事要說，所以打斷他人說話呢？
這一週，試著用心去溝通：以好奇而不批判的態度去傾聽，讓他人把話說完，
平和的吸氣與吐氣，只有在這時（真的只能在這時）才開始說話。
觀察這項技巧對你們的對話有什麼影響，寫下自己的結論。

我今天做的好事

我要如何改善？

我今天經歷的美好事物／幸福時刻

1.

2.

3.

/ /

我很感恩……

1.

2.

3.

我要讓這一天變得很棒的方法

正向自我肯定

我們有兩個耳朵和一張嘴巴，所以應該要聽的比說的多。
——季蒂昂的芝諾（古希臘哲學家）

我今天做的好事

我要如何改善？

我今天經歷的美好事物／幸福時刻

1.

2.

3.

/ /

我很感恩……

1.

2.

3.

我要讓這一天變得很棒的方法

正向自我肯定

經驗是萬事之師。
——凱撒大帝

我今天做的好事

我要如何改善？

我今天經歷的美好事物／幸福時刻

1.

2.

3.

心情紀錄

66天

……「6分鐘日記」現在是你的一部分了

沒什麼笑聲的地方，就很少有成功。
——安德魯・卡內基

你眞的做到了！如果你在看這幾行字，表示你是少數執行者（會確實行動的人）中的一員，驕傲的戴上你的徽章吧！犒賞自己一些好東西，享受這個小小的里程碑，翻一下你已經寫滿的頁面，享受這個畫面：回憶、情緒和你到目前爲止達成的各種小事。
很多6接著很多6：你已經使用這本日記66天了，所以現在是光榮休息一下的好時機。如同你在書裡讀到的，66天後，新習慣就在你的生活裡生根了，因此「6分鐘日記」現在已是你的一部分了！
好啦，這個時間間距當然不是對每個習慣（或每個人）都完全準確，但重點是，你絕對走在正確的道路上！如果你想要加乘你的快樂，就讓我們成爲其中的一部分吧：）把這個小珍寶拿在手中拍張華麗的照片，並在Instagram上標註我們：@createurbestself + #6minutediary

快樂是唯一分享後會加倍的東西。
——史懷哲

習慣可以說是第二天性。

——西塞羅（羅馬時代哲學家）

/ /

我很感恩……

1.

2.

3.

我要讓這一天變得很棒的方法

正向自我肯定

並不是每個人都能成就偉大的事，但我們可以帶著偉大的愛去做小事。
——德蕾莎修女

我今天做的好事

我要如何改善？

我今天經歷的美好事物／幸福時刻

1.

2.

3.

/ /

我很感恩……

1.

2.

3.

我要讓這一天變得很棒的方法

正向自我肯定

生命真正的意義，是種樹而不期待坐在其樹蔭下。
——尼爾森．韓德森

我今天做的好事

我要如何改善？

我今天經歷的美好事物／幸福時刻

1.

2.

3.

/ /

我很感恩……

1.

2.

3.

我要讓這一天變得很棒的方法

正向自我肯定

沒有任何促進人類進步的東西是所有人一致同意的。

——哥倫布

我今天做的好事

我要如何改善？

我今天經歷的美好事物／幸福時刻

1.

2.

3.

/ /

我很感恩……

1.

2.

3.

我要讓這一天變得很棒的方法

正向自我肯定

如果這件事令你害怕，或許就是值得嘗試的好事。

——賽斯・高汀（美國暢銷作家）

我今天做的好事

我要如何改善？

我今天經歷的美好事物／幸福時刻

1.

2.

3.

每週問題

你人生的目的是什麼？為什麼你的存在很重要？

你在一段感情關係中時，你最喜歡和伴侶一起做的三件事是什麼？

寫出你人生中的一個層面，是你希望有所不同的。
現在，你能想出至少一個理由，是你原來就能很感恩這個層面的嗎？

你的父母（或祖父母）最欣賞你的哪種特質？

如果你是個乞丐，你會在乞討的紙板上寫什麼？

/　　/

我很感恩……

1.

2.

3.

我要讓這一天變得很棒的方法

正向自我肯定

每週挑戰

我們一天大約批判3萬5000次，無論是我們吃的食物、閱讀的東西，
或者遇到的人——我們把自己的標籤貼在別的人事物上。
即使這些批判看似都是無心的，但我們依然可以留意它們。
本週請試著避免批判所有人事物，透過允許他們本來的樣子，讓你的心胸更開闊。

我今天做的好事

我要如何改善？

我今天經歷的美好事物／幸福時刻

1.

2.

3.

/ /

我很感恩……

1.

2.

3.

我要讓這一天變得很棒的方法

正向自我肯定

批判會阻礙我們理解新的事實。
將自己從老舊的批判規則中釋放出來，創造空間給新的理解。
——史帝夫馬拉博利（美國暢銷作家）

我今天做的好事

我要如何改善？

我今天經歷的美好事物／幸福時刻

1.

2.

3.

/ /

我很感恩……

1.

2.

3.

我要讓這一天變得很棒的方法

正向自我肯定

要記得，有時候得不到你想要的，才是天大的幸運降臨。

——達賴喇嘛

我今天做的好事

我要如何改善？

我今天經歷的美好事物／幸福時刻

1.

2.

3.

/ /

我很感恩……

1.

2.

3.

我要讓這一天變得很棒的方法

正向自我肯定

我的失敗是判斷上的錯誤，而不是意圖錯誤。

——尤利西斯．格蘭特（前美國總統）

我今天做的好事

我要如何改善？

我今天經歷的美好事物／幸福時刻

1.

2.

3.

/ /

我很感恩……

1.

2.

3.

我要讓這一天變得很棒的方法

正向自我肯定

言善信。心善淵。與善仁。
——老子

我今天做的好事

我要如何改善？

我今天經歷的美好事物／幸福時刻

1.

2.

3.

/ /

我很感恩……

1.

2.

3.

我要讓這一天變得很棒的方法

正向自我肯定

有失必有得。

——愛默生

我今天做的好事

我要如何改善？

我今天經歷的美好事物／幸福時刻

1.

2.

3.

/ /

我很感恩……

1.

2.

3.

我要讓這一天變得很棒的方法

正向自我肯定

不要以收穫，而是要以播下的種來評斷這一天。

——史蒂文生（蘇格蘭作家）

我今天做的好事

我要如何改善？

我今天經歷的美好事物／幸福時刻

1.

2.

3.

心情紀錄

每週問題

至今你已經實現了什麼夢想？接下來5～10年內，你想要實現什麼夢想？
你已經可以開始朝著什麼確切的里程碑前進了嗎？

你如何對抗這個高速社會令人窒息的步調？你每天會做什麼來放鬆自己？

什麼地方讓你最有在家的感覺，為何這個地方對你如此特別？

如果你要在20萬人面前演說，你會選擇談什麼主題？

你見過最令人著迷的東西是什麼？

/ /

我很感恩……

1.

2.

3.

我要讓這一天變得很棒的方法

正向自我肯定

每週挑戰

研究顯示：你越能夠徹底放鬆，你的專注力和生產力就會越好。
所以，就如同你打算用待辦清單來發揮生產力，
你也應該積極使用放鬆清單來放鬆自己。
本週請安排固定的放鬆時間，並如同看待其他約定事項一樣，認真看待放鬆時間。

我今天做的好事

我要如何改善？

我今天經歷的美好事物／幸福時刻

1.

2.

3.

/ /

我很感恩……

1.

2.

3.

我要讓這一天變得很棒的方法

正向自我肯定

你產生能量的能力，與你的放鬆能力成正比。

——大衛·艾倫

我今天做的好事

我要如何改善？

我今天經歷的美好事物／幸福時刻

1.

2.

3.

/ /

我很感恩……

1.

2.

3.

我要讓這一天變得很棒的方法

正向自我肯定

不怕成長緩慢，只怕靜止不動。
——中國諺語

我今天做的好事

我要如何改善？

我今天經歷的美好事物／幸福時刻

1.

2.

3.

/ /

我很感恩……

1.

2.

3.

我要讓這一天變得很棒的方法

正向自我肯定

跳舞要跳得像沒人在看一樣，愛要愛得像未曾受過傷一樣，
唱歌要唱得像沒人在聽一樣，活著的態度要彷彿這是人間天堂。
——馬克．吐溫

我今天做的好事

我要如何改善？

我今天經歷的美好事物／幸福時刻

1.

2.

3.

/ /

我很感恩……

1.

2.

3.

我要讓這一天變得很棒的方法

正向自我肯定

世界上再也沒什麼比笑聲和幽默更具不可抗拒的感染力了。

——查爾斯．狄更斯

我今天做的好事

我要如何改善？

我今天經歷的美好事物／幸福時刻

1.

2.

3.

/ /

我很感恩……

1.

2.

3.

我要讓這一天變得很棒的方法

正向自我肯定

當一個人準備好成為自己時，他就到達幸福的顛峰了。
——伊拉斯謨（文藝復興時期思想家）

我今天做的好事

我要如何改善？

我今天經歷的美好事物／幸福時刻

1.

2.

3.

/ /

我很感恩……

1.

2.

3.

我要讓這一天變得很棒的方法

正向自我肯定

你留下的不是刻在石碑上的東西，而是編織進他人生活裡的東西。

——伯里克里斯（雅典民主政治領導人）

我今天做的好事

我要如何改善？

我今天經歷的美好事物／幸福時刻

1.

2.

3.

心情紀錄

每週問題

若要用一句話形容你，你覺得你的伴侶或最好的朋友會怎麼形容？
現在去請他們形容你，然後比較你的評估和他們的回答。

你覺得他們會說：

實際上他們說：

你居住的這個城市或鄉鎮，最令你喜愛的特色是什麼？

如果可以選擇世界上任何一間公司，你最想要在哪裡工作，為什麼？

有什麼事情是你相信，但其他人覺得很瘋狂的？
你覺得什麼是真的，就算許多人都不覺得？

你上一次有一整天或好幾天沒有網路，是什麼時候？那幾天的生活怎麼樣？

你的每月檢視

整體情緒	1	2	3	4	5	6	7	8	9	10
感恩	1	2	3	4	5	6	7	8	9	10
正念	1	2	3	4	5	6	7	8	9	10
家庭	1	2	3	4	5	6	7	8	9	10
朋友	1	2	3	4	5	6	7	8	9	10
伴侶	1	2	3	4	5	6	7	8	9	10
娛樂	1	2	3	4	5	6	7	8	9	10
平靜與安詳	1	2	3	4	5	6	7	8	9	10
自己的時間	1	2	3	4	5	6	7	8	9	10
健康飲食	1	2	3	4	5	6	7	8	9	10
喝水	1	2	3	4	5	6	7	8	9	10
運動與活動	1	2	3	4	5	6	7	8	9	10
外出	1	2	3	4	5	6	7	8	9	10
健康	1	2	3	4	5	6	7	8	9	10
創造力	1	2	3	4	5	6	7	8	9	10
財務	1	2	3	4	5	6	7	8	9	10
工作與教育	1	2	3	4	5	6	7	8	9	10
思想與情緒	1	2	3	4	5	6	7	8	9	10
當下	1	2	3	4	5	6	7	8	9	10
未來	1	2	3	4	5	6	7	8	9	10

你的每月習慣追蹤表 ____________________

1	2	3	4	5	6	7	8	9	10	11	12	13	14	15	16
17	18	19	20	21	22	23	24	25	26	27	28	29	30	31	

你的每月習慣追蹤表 ____________________

1	2	3	4	5	6	7	8	9	10	11	12	13	14	15	16
17	18	19	20	21	22	23	24	25	26	27	28	29	30	31	

/ /

我很感恩……

1.

2.

3.

我要讓這一天變得很棒的方法

正向自我肯定

每週挑戰

本週請用網路的各種類似版本來對待自己——

臉書：請告訴一個朋友你覺得他讚；**Google**：請去圖書館；

Instagram：請出去吃飯或運動；**亞馬遜**：請去購物中心。

留意做完這些事之後你有什麼感覺，寫下結論。

我今天做的好事

我要如何改善？

我今天經歷的美好事物／幸福時刻

1.

2.

3.

/ /

我很感恩……

1.

2.

3.

我要讓這一天變得很棒的方法

正向自我肯定

> 我們現在一天24小時都被接上插頭，
> 無論自己有沒有意識到，我們全都是一台大機器的一部分。
> 如果我們無法拔掉那台機器的接頭，最終就會變得完全盲目。
> ——艾倫・萊特曼（美國物理學家、作家）

我今天做的好事

我要如何改善？

我今天經歷的美好事物／幸福時刻

1.

2.

3.

/ /

我很感恩……

1.

2.

3.

我要讓這一天變得很棒的方法

正向自我肯定

人生不是關於尋找自己，而是關於創造自己。

——蕭伯納（英國劇作家）

我今天做的好事

我要如何改善？

我今天經歷的美好事物／幸福時刻

1.

2.

3.

/ /

我很感恩……

1.

2.

3.

我要讓這一天變得很棒的方法

正向自我肯定

要將一個人最大潛能發展出來的方法，就是欣賞與鼓勵。

——查爾斯・舒瓦伯（美國理財集團創辦人）

我今天做的好事

我要如何改善？

我今天經歷的美好事物／幸福時刻

1.

2.

3.

/ /

我很感恩……

1.

2.

3.

我要讓這一天變得很棒的方法

正向自我肯定

弱者從不寬恕，寬恕是強者的屬性。

——甘地

我今天做的好事

我要如何改善？

我今天經歷的美好事物／幸福時刻

1.

2.

3.

/ /

我很感恩……

1.

2.

3.

我要讓這一天變得很棒的方法

正向自我肯定

擁有生存目的的人，幾乎可以忍受所有環境。

——尼采

我今天做的好事

我要如何改善？

我今天經歷的美好事物／幸福時刻

1.

2.

3.

/ /

我很感恩……

1.

2.

3.

我要讓這一天變得很棒的方法

正向自我肯定

到最後，重要的不是你的人生有幾年，而是你的年歲中活出什麼樣的人生。

——林肯

我今天做的好事

我要如何改善？

我今天經歷的美好事物／幸福時刻

1.

2.

3.

每週問題

值得來活這趟人生的前五個理由是什麼？

對於不符合你目標重心的分心事物、邀約或其他活動，你是怎麼說「不」的？你可以怎麼改善未來對這些事物說「不」的方法？

你跟身邊絕大部分的人有什麼不同之處？你對這些差異有什麼感覺？

過去幾年內，你認為自己生活最大的目標是什麼？
那些真的是你的目標嗎？還是只是你認為應該如此？

我們來談談性吧。你人生中最棒的性愛是什麼時候？為什麼那是最棒的？

/ /

我很感恩……

1.

2.

3.

我要讓這一天變得很棒的方法

正向自我肯定

每週挑戰

在這個時間有限，選擇卻無限的世界裡，
駕馭說「不」的技巧，就等於是對你自己的目標重心和需求說「是」。
本週請調整你的語言，對自己或他人都誠實說出什麼事對你最重要。
與其說「我現在很忙」或「我沒時間」，改用「那不是我現在的目標重心」。

我今天做的好事

我要如何改善？

我今天經歷的美好事物／幸福時刻

1.

2.

3.

/ /

我很感恩……

1.

2.

3.

我要讓這一天變得很棒的方法

正向自我肯定

人生中有一半的麻煩都可以追溯至「好」說得太快，而「不」說得不夠快。

——喬許．畢林斯（美國幽默作家）

我今天做的好事

我要如何改善？

我今天經歷的美好事物／幸福時刻

1.

2.

3.

/ /

我很感恩……

1.

2.

3.

我要讓這一天變得很棒的方法

正向自我肯定

若懂得聆聽，就連那些說難聽話的人，都能讓你有所收穫。

——普魯塔克（羅馬時代希臘作家）

我今天做的好事

我要如何改善？

我今天經歷的美好事物／幸福時刻

1.

2.

3.

/ /

我很感恩……

1.

2.

3.

我要讓這一天變得很棒的方法

正向自我肯定

沒有人曾踏入同樣的河流中兩次，
因為河流已不是同樣的河流，他也不是同樣的人了。
——赫拉克利特（古希臘哲學家）

我今天做的好事

我要如何改善？

我今天經歷的美好事物／幸福時刻

1.

2.

3.

/ /

我很感恩……

1.

2.

3.

我要讓這一天變得很棒的方法

正向自我肯定

心裡有愛，就是最真實的智慧。

—— 查爾斯．狄更斯

我今天做的好事

我要如何改善？

我今天經歷的美好事物／幸福時刻

1.

2.

3.

/ /

我很感恩……

1.

2.

3.

我要讓這一天變得很棒的方法

正向自我肯定

希望是唯一不需花朵就能製造蜂蜜的蜜蜂。

——羅伯特・英格索爾（美國政治家、演說家）

我今天做的好事

我要如何改善？

我今天經歷的美好事物／幸福時刻

1.

2.

3.

/ /

我很感恩……

1.

2.

3.

我要讓這一天變得很棒的方法

正向自我肯定

你生氣的每一分鐘，都失去了60秒的幸福。
——愛默生

我今天做的好事

我要如何改善？

我今天經歷的美好事物／幸福時刻

1.

2.

3.

心情紀錄

每週問題

每天早上最能激勵你起床的事是什麼？你大部分的精力來自哪裡？
有辦法將更多這種能量物質帶入你的生活中嗎？

你的核心價值是什麼？你有每天活出這些價值和信念嗎？

你能原諒那些傷害你的人，把一切不舒服拋諸腦後，然後繼續前進嗎？
你上一次確實做到是什麼時候？

你認為最大的不公平是什麼？為什麼？你如何為降低這種不公平做出貢獻？

你會為誰付出最高額的贖金？你覺得誰會為你付出最高額的贖金？

/　/

我很感恩……

1.

2.

3.

我要讓這一天變得很棒的方法

正向自我肯定

每週挑戰

原諒和放手有時會跟得到解脫一樣困難，
它能卸下你肩上的重擔，創造空間讓新事物進入生命。
早在2500年前，佛陀就形容放手是「幸福的關鍵」。
本週請試著放手與原諒某人，轉動鑰匙，把你壓抑的情緒留在門的那一端吧。

我今天做的好事

我要如何改善？

我今天經歷的美好事物／幸福時刻

1.

2.

3.

/ /

我很感恩……

1.

2.

3.

我要讓這一天變得很棒的方法

正向自我肯定

如果你改正你的想法，其餘生活的一切也將一一到位。
——老子

我今天做的好事

我要如何改善？

我今天經歷的美好事物／幸福時刻

1.

2.

3.

/　　/

我很感恩……

1.

2.

3.

我要讓這一天變得很棒的方法

正向自我肯定

隨時盡可能多笑，笑是便宜的藥。
——拜倫

我今天做的好事

我要如何改善？

我今天經歷的美好事物／幸福時刻

1.

2.

3.

/ /

我很感恩……

1.

2.

3.

我要讓這一天變得很棒的方法

正向自我肯定

每個人都是天才。

但如果你用爬樹的能力去評斷一隻魚，牠一輩子都會相信自己很愚蠢。

——愛因斯坦

我今天做的好事

我要如何改善？

我今天經歷的美好事物／幸福時刻

1.

2.

3.

/ /

我很感恩……

1.

2.

3.

我要讓這一天變得很棒的方法

正向自我肯定

從物質中尋找快樂，是一定會不快樂的方式。
—— 方濟各

我今天做的好事

我要如何改善？

我今天經歷的美好事物／幸福時刻

1.

2.

3.

/ /

我很感恩……

1.

2.

3.

我要讓這一天變得很棒的方法

正向自我肯定

不是因為事情很困難所以我們才不敢，而是因為我們不敢所以事情才困難。

——塞內卡

我今天做的好事

我要如何改善？

我今天經歷的美好事物／幸福時刻

1.

2.

3.

/ /

我很感恩……

1.

2.

3.

我要讓這一天變得很棒的方法

正向自我肯定

愛你所活的人生，活你所愛的人生。

——巴布．馬利（雷鬼樂始祖）

我今天做的好事

我要如何改善？

我今天經歷的美好事物／幸福時刻

1.

2.

3.

心情紀錄

每週問題

你上一個大錯誤是什麼？而你最喜歡的錯誤是什麼？
你從這些錯誤中學到了什麼？

如果你可以用完全一樣的方式再次體驗生命中的某一天，那會是哪一天？
那一天為什麼如此特別？

是時候改變觀點了：是否有一件事，你因為太過糾結所以遲遲無法做出決定？
你一定認識一個人，你並不總是同意他，但你很重視他的意見。
關於這個進退兩難的決定，那個人會說什麼呢？

如果你必須放棄你所有的物品和人際關係，那你還擁有什麼？

你會選擇成為哪一個：
擁有難以置信的吸引力、一個卓越非凡的天才、世界知名的演員，
還是億萬富翁慈善家？請解釋原因。

/　　/

我很感恩……

1.

2.

3.

我要讓這一天變得很棒的方法

正向自我肯定

每週挑戰

如果有什麼事讓你不高興，回歸到你永遠隨身攜帶的某個工具上：呼吸。
專心用鼻子慢慢吸氣，然後用嘴巴更緩慢的吐出來。
覺察情緒，而不是被它們同化。這建議聽起來可能感覺有點深奧神祕，
但重點是：它確實很有效，能在幾秒鐘內讓你平靜下來。

我今天做的好事

我要如何改善？

我今天經歷的美好事物／幸福時刻

1.

2.

3.

/ /

我很感恩……

1.

2.

3.

我要讓這一天變得很棒的方法

正向自我肯定

只要你擁有你的呼吸，就沒人能偷走你的平靜。
——無名氏

我今天做的好事

我要如何改善？

我今天經歷的美好事物／幸福時刻

1.

2.

3.

/ /

我很感恩⋯⋯

1.

2.

3.

我要讓這一天變得很棒的方法

正向自我肯定

有些人老是抱怨玫瑰有刺，我卻很感謝刺有了玫瑰。

——阿爾馮斯．卡爾（法國評論家）

我今天做的好事

我要如何改善？

我今天經歷的美好事物／幸福時刻

1.

2.

3.

/ /

我很感恩……

1.

2.

3.

我要讓這一天變得很棒的方法

正向自我肯定

擁有關於人生的夢想和成為現實的夢想，是很重要的。
——居禮夫人

我今天做的好事

我要如何改善？

我今天經歷的美好事物／幸福時刻

1.

2.

3.

/ /

我很感恩……

1.

2.

3.

我要讓這一天變得很棒的方法

正向自我肯定

如果你並未準備要行動，最好保持沉默，最好連想都別想。

——安妮．貝贊特（英國社會主義者）

我今天做的好事

我要如何改善？

我今天經歷的美好事物／幸福時刻

1.

2.

3.

/ /

我很感恩……

1.

2.

3.

我要讓這一天變得很棒的方法

正向自我肯定

如果你總是在做一樣的事，那你就會總是得到一樣的東西。

——安東尼·羅賓（美國心理學家）

我今天做的好事

我要如何改善？

我今天經歷的美好事物／幸福時刻

1.

2.

3.

/ /

我很感恩……

1.

2.

3.

我要讓這一天變得很棒的方法

正向自我肯定

我最好的朋友，就是帶出最好的我的那個人。

——亨利．福特（福特汽車創辦人）

我今天做的好事

我要如何改善？

我今天經歷的美好事物／幸福時刻

1.

2.

3.

心情紀錄

每週問題

每個人在生活中都扮演不同角色（兒子、同事、母親、好友、安慰者……），你目前正扮演著什麼角色？你喜歡哪些角色，哪些則不太喜歡？為什麼？

如果你餘生只能與一個人待在荒島上，你會選擇誰，為什麼？

目前為止，你經歷過最大的轉變是什麼？是什麼造成這種轉變？

如果可選擇現代或過去的任何兩個人作為你的導師，你會選擇誰，為什麼？

你目前有著迷於什麼或任何不尋常的習慣嗎？如果有，你對它們有什麼感覺？

你的每月檢視

整體情緒	1	2	3	4	5	6	7	8	9	10
感恩	1	2	3	4	5	6	7	8	9	10
正念	1	2	3	4	5	6	7	8	9	10
家庭	1	2	3	4	5	6	7	8	9	10
朋友	1	2	3	4	5	6	7	8	9	10
伴侶	1	2	3	4	5	6	7	8	9	10
娛樂	1	2	3	4	5	6	7	8	9	10
平靜與安詳	1	2	3	4	5	6	7	8	9	10
自己的時間	1	2	3	4	5	6	7	8	9	10
健康飲食	1	2	3	4	5	6	7	8	9	10
喝水	1	2	3	4	5	6	7	8	9	10
運動與活動	1	2	3	4	5	6	7	8	9	10
外出	1	2	3	4	5	6	7	8	9	10
健康	1	2	3	4	5	6	7	8	9	10
創造力	1	2	3	4	5	6	7	8	9	10
財務	1	2	3	4	5	6	7	8	9	10
工作與教育	1	2	3	4	5	6	7	8	9	10
思想與情緒	1	2	3	4	5	6	7	8	9	10
當下	1	2	3	4	5	6	7	8	9	10
未來	1	2	3	4	5	6	7	8	9	10

你的每月習慣追蹤表 ______________________

1	2	3	4	5	6	7	8	9	10	11	12	13	14	15	16
17	18	19	20	21	22	23	24	25	26	27	28	29	30	31	

你的每月習慣追蹤表 ______________________

1	2	3	4	5	6	7	8	9	10	11	12	13	14	15	16
17	18	19	20	21	22	23	24	25	26	27	28	29	30	31	

/ /

我很感恩……

1.

2.

3.

我要讓這一天變得很棒的方法

正向自我肯定

每週挑戰

每個人都有某些驅策我們的事物。
去鼓勵某個最近沒動力的人，讓他們知道你對他們的能力有信心。
鼓勵他去追求目標，給他此刻他很缺乏的動力。

我今天做的好事

我要如何改善？

我今天經歷的美好事物／幸福時刻

1.

2.

3.

/ /

我很感恩……

1.

2.

3.

我要讓這一天變得很棒的方法

正向自我肯定

若你對待人們的方式，彷彿他們是應該成為的人，
那麼你就是在幫助他們成為他們有能力成為的那種人。
——歌德

我今天做的好事

我要如何改善？

我今天經歷的美好事物／幸福時刻

1.

2.

3.

/ /

我很感恩……

1.

2.

3.

我要讓這一天變得很棒的方法

正向自我肯定

成為你本來就該成為的人，永遠不嫌太晚。

——喬治・艾略特（英國小說家）

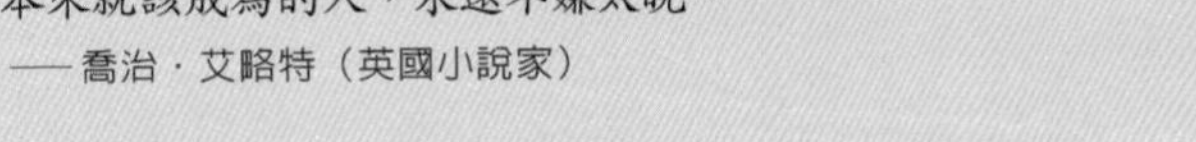

我今天做的好事

我要如何改善？

我今天經歷的美好事物／幸福時刻

1.

2.

3.

/ /

我很感恩……

1.

2.

3.

我要讓這一天變得很棒的方法

正向自我肯定

用言語把你的悲傷傾洩出來吧；
無言的哀痛是會向那不堪重壓的心低聲耳語，讓它裂成一片一片。
——莎士比亞

我今天做的好事

我要如何改善？

我今天經歷的美好事物／幸福時刻

1.

2.

3.

/ /

我很感恩……

1.

2.

3.

我要讓這一天變得很棒的方法

正向自我肯定

活著是世界上最罕有的事。多數人只是存在而已。

——奧斯卡·王爾德（愛爾蘭作家）

我今天做的好事

我要如何改善？

我今天經歷的美好事物／幸福時刻

1.

2.

3.

/ /

我很感恩……

1.

2.

3.

我要讓這一天變得很棒的方法

正向自我肯定

如果你批判人，就沒有時間去愛他們。
—— 德蕾莎修女

我今天做的好事

我要如何改善？

我今天經歷的美好事物／幸福時刻

1.

2.

3.

/ /

我很感恩……

1.

2.

3.

我要讓這一天變得很棒的方法

正向自我肯定

沒有痛苦掙扎，就可能沒有進步。

——弗雷德里克·道格拉斯（美國政治家）

我今天做的好事

我要如何改善？

我今天經歷的美好事物／幸福時刻

1.

2.

3.

每週問題

想一個你最近在生活中完成的目標，你在過程中克服了什麼障礙？
你一開始為什麼會設定這個目標？

如果你明天早上醒來就能夠擁有一項新技能，你希望是什麼？為什麼？

你到目前為止的人生中，做過最關鍵的決定是什麼？
你將如何處理目前已經可以預見的下一個重大決定？

你最近很常想起什麼人？這可能是什麼意思？

你是自己會想要共度餘生的人嗎？請解釋為什麼？

/ /

我很感恩……

1.

2.

3.

我要讓這一天變得很棒的方法

正向自我肯定

每週挑戰

無論多大或多小，一個真摯的稱讚是無價的，
不花時間，還能讓某個人開心一整天。本週請去稱讚某個人吧：
告訴在公車站牌旁的那個人，他的外套很好看；讓電影院坐在隔壁的那個女生，
知道她的笑聲很有感染力；或是讚美一個同事似乎永遠都那麼開心。

我今天做的好事

我要如何改善？

我今天經歷的美好事物／幸福時刻

1.

2.

3.

/ /

我很感恩……

1.

2.

3.

我要讓這一天變得很棒的方法

正向自我肯定

一句好的稱讚就夠我活兩個月了。
——馬克吐溫

我今天做的好事

我要如何改善？

我今天經歷的美好事物／幸福時刻

1.

2.

3.

/ /

我很感恩……

1.

2.

3.

我要讓這一天變得很棒的方法

正向自我肯定

別害怕放棄好的而去追求更棒的。
——約翰．洛克斐勒（美國慈善家）

我今天做的好事

我要如何改善？

我今天經歷的美好事物／幸福時刻

1.

2.

3.

/ /

我很感恩……

1.

2.

3.

我要讓這一天變得很棒的方法

正向自我肯定

健康遠勝於一切外在優勢，一個健康的乞丐確實比疾病纏身的國王更幸運。

——叔本華（德國哲學家）

我今天做的好事

我要如何改善？

我今天經歷的美好事物／幸福時刻

1.

2.

3.

/ /

我很感恩……

1.

2.

3.

我要讓這一天變得很棒的方法

正向自我肯定

人類的自由並非在於我們可以做自己想做的，
而是在於我們不需要去做我們不想做的。
——盧梭（法國哲學家）

我今天做的好事

我要如何改善？

我今天經歷的美好事物／幸福時刻

1.

2.

3.

/ /

我很感恩……

1.

2.

3.

我要讓這一天變得很棒的方法

正向自我肯定

萬物皆有其美，但非人人得見。
——孔子

我今天做的好事

我要如何改善？

我今天經歷的美好事物／幸福時刻

1.

2.

3.

/ /

我很感恩……

1.

2.

3.

我要讓這一天變得很棒的方法

正向自我肯定

唯一舉止敏銳得體的人，就是我的裁縫師，他每次見到我都會重新測量我。
其他人都是根據自己以往的判斷，並期待我符合他們。
——蕭伯納

我今天做的好事

我要如何改善？

我今天經歷的美好事物／幸福時刻

1.

2.

3.

心情紀錄

每週問題

截至目前為止，哪句格言最符合你的生活？為什麼？
你希望未來的人生還是以同樣的格言簡述嗎？

過去幾年內，你培養的哪些行為或習慣對你的人生有顯著改善？

如果你可以彈一下手指，就達到人生中的某個目標，你希望那是什麼？
你現在就可以採取哪些非常小的步驟，來讓這個球開始滾動？

如果你問你的父母、伴侶或最好的朋友，你最擅長的是什麼，他們會說什麼？

目前為止，你覺得誰最有吸引力，那個人有什麼特別吸引人的特質？
一般而言，你覺得一個有什麼特質的人最有吸引力？

/ /

我很感恩……

1.

2.

3.

我要讓這一天變得很棒的方法

正向自我肯定

每週挑戰

研究顯示，有數百萬腦細胞只有在你休息、沒做任何特定事情時，才會活化。
在忙碌的一天裡，花幾分鐘慢下來：呼吸、暫時脫節，
讓你的思緒遊走，幻想得以自由奔馳。腦科學研究人員發現，
這麼做有助於在接下來的工作階段中，提高多達41%的創意和生產力。

我今天做的好事

我要如何改善？

我今天經歷的美好事物／幸福時刻

1.

2.

3.

/ /

我很感恩……

1.

2.

3.

我要讓這一天變得很棒的方法

正向自我肯定

在這個媒體充斥、同時多工且隨時待命的時代中，
許多人都忘了如何拔掉插頭，讓自己完全沉浸在當下。
我們已經忘了如何慢下來。
——卡爾·歐諾黑（《慢活》作者）

我今天做的好事

我要如何改善？

我今天經歷的美好事物／幸福時刻

1.

2.

3.

/ /

我很感恩……

1.

2.

3.

我要讓這一天變得很棒的方法

正向自我肯定

你不是藉由遵守規則而學會走路的，而是藉由實作和跌倒。

——理查・布蘭森

我今天做的好事

我要如何改善？

我今天經歷的美好事物／幸福時刻

1.

2.

3.

/ /

我很感恩……

1.

2.

3.

我要讓這一天變得很棒的方法

正向自我肯定

這世界打擊每一個人，但經歷過後，許多人在受傷的地方變得更強壯。
——海明威

我今天做的好事

我要如何改善？

我今天經歷的美好事物／幸福時刻

1.

2.

3.

/ /

我很感恩……

1.

2.

3.

我要讓這一天變得很棒的方法

正向自我肯定

就連放在某人路上的石頭，都能被做成美麗的東西。
——歌德

我今天做的好事

我要如何改善？

我今天經歷的美好事物／幸福時刻

1.

2.

3.

/ /

我很感恩……

1.

2.

3.

我要讓這一天變得很棒的方法

正向自我肯定

只有那些願意冒險走太遠的人，才可能知道一個人究竟能走多遠。

——T.S.艾略特（美籍英國詩人）

我今天做的好事

我要如何改善？

我今天經歷的美好事物／幸福時刻

1.

2.

3.

/ /

我很感恩……

1.

2.

3.

我要讓這一天變得很棒的方法

正向自我肯定

對實現明天理想的唯一限制，就是今天的懷疑。
——小羅斯福

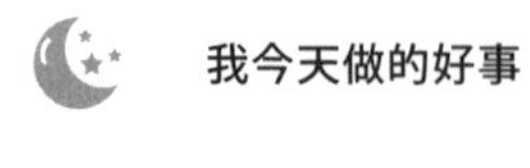

我今天做的好事

我要如何改善？

我今天經歷的美好事物／幸福時刻

1.

2.

3.

心情紀錄

每週問題

你人生中最棒的一次假期是什麼，為什麼它如此特別？

誰對你的人生影響最重大，具體來說，這個人影響了你什麼？
你認為自己對他影響最大的人又是誰？

你最早和最美好的童年記憶是什麼？假想你現在是個小孩，你會在做什麼？

哪一部電影你可以不斷重複的看？哪一本書你可以讀好幾次？
而你的答案可能揭露了你的什麼呢？

去年你買下的東西裡，哪個低於3000元的東西對你有最大的正面影響？
是什麼促使你買下那樣東西？

/ /

我很感恩……

1.

2.

3.

我要讓這一天變得很棒的方法

正向自我肯定

每週挑戰

為什麼我們都需要偶爾讓我們所愛的人知道他們對我們有多重要？
這一週，排除萬難，寫個善意的小紙條給你想要創造驚喜的人吧。
重要的不是內容，而是那份心意：讓收到的人知道你在想他。
（P.S.：可以把小紙條放在他的口袋或皮包裡喔！）

我今天做的好事

我要如何改善？

我今天經歷的美好事物／幸福時刻

1.

2.

3.

/ /

我很感恩……

1.

2.

3.

我要讓這一天變得很棒的方法

正向自我肯定

人生中很重要的三件事：第一是善良，第二是善良，而第三是善良。

——亨利．詹姆斯（美國作家）

我今天做的好事

我要如何改善？

我今天經歷的美好事物／幸福時刻

1.

2.

3.

/ /

我很感恩……

1.

2.

3.

我要讓這一天變得很棒的方法

正向自我肯定

所有人類知識都由直覺開始，進而發展到概念，最後以想法結束。
—康德（德國哲學家）

我今天做的好事

我要如何改善？

我今天經歷的美好事物／幸福時刻

1.

2.

3.

/ /

我很感恩……

1.

2.

3.

我要讓這一天變得很棒的方法

正向自我肯定

當夢看起來最瘋狂時，通常就是最深刻的。
——佛洛伊德

我今天做的好事

我要如何改善？

我今天經歷的美好事物／幸福時刻

1.

2.

3.

/ /

我很感恩……

1.

2.

3.

我要讓這一天變得很棒的方法

正向自我肯定

無論多小，任何善良的行為都不會是徒勞無功的。
——伊索寓言

我今天做的好事

我要如何改善？

我今天經歷的美好事物／幸福時刻

1.

2.

3.

/ /

我很感恩……

1.

2.

3.

我要讓這一天變得很棒的方法

正向自我肯定

我無法斷言如果我們改變，事情是否會好轉；
我只能說，如果想要事情好轉，就必定要改變。
——格奧爾格．克里斯托夫．利希滕貝格（德國科學家）

我今天做的好事

我要如何改善？

我今天經歷的美好事物／幸福時刻

1.

2.

3.

/ /

我很感恩……

1.

2.

3.

我要讓這一天變得很棒的方法

正向自我肯定

你給出自己的東西，只是給予了一點點。唯有當你給出自己，才是真正的給予。
——紀伯倫

我今天做的好事

我要如何改善？

我今天經歷的美好事物／幸福時刻

1.

2.

3.

心情紀錄

每週問題

你人生中最辛苦的時期是什麼時候？
什麼幫助你挺過那段日子？而那段經驗讓你有什麼成長？

你獨處的時候是個怎麼樣的人？你一個人的時候喜歡做什麼？

父母是如何扶養你長大的？你會用什麼同樣／不同的方式去扶養孩子？

在什麼情況下你覺得最像自己？有什麼情況下你會表現得很不真實嗎？

微笑時間：你上一次開懷大笑是什麼時候？這一週最常讓你微笑的是什麼？

你的每月檢視

整體情緒	1	2	3	4	5	6	7	8	9	10
感恩	1	2	3	4	5	6	7	8	9	10
正念	1	2	3	4	5	6	7	8	9	10
家庭	1	2	3	4	5	6	7	8	9	10
朋友	1	2	3	4	5	6	7	8	9	10
伴侶	1	2	3	4	5	6	7	8	9	10
娛樂	1	2	3	4	5	6	7	8	9	10
平靜與安詳	1	2	3	4	5	6	7	8	9	10
自己的時間	1	2	3	4	5	6	7	8	9	10
健康飲食	1	2	3	4	5	6	7	8	9	10
喝水	1	2	3	4	5	6	7	8	9	10
運動與活動	1	2	3	4	5	6	7	8	9	10
外出	1	2	3	4	5	6	7	8	9	10
健康	1	2	3	4	5	6	7	8	9	10
創造力	1	2	3	4	5	6	7	8	9	10
財務	1	2	3	4	5	6	7	8	9	10
工作與教育	1	2	3	4	5	6	7	8	9	10
思想與情緒	1	2	3	4	5	6	7	8	9	10
當下	1	2	3	4	5	6	7	8	9	10
未來	1	2	3	4	5	6	7	8	9	10

你的每月習慣追蹤表 ________________

1	2	3	4	5	6	7	8	9	10	11	12	13	14	15	16
17	18	19	20	21	22	23	24	25	26	27	28	29	30	31	

你的每月習慣追蹤表 ________________

1	2	3	4	5	6	7	8	9	10	11	12	13	14	15	16
17	18	19	20	21	22	23	24	25	26	27	28	29	30	31	

善意提醒

……只剩下兩週囉

這本日記只能再陪伴你兩週了，到目前為止，你還喜歡這趟旅程嗎？如果喜歡，那現在是時候繼續你的每日幸福旅程了，請為自己再弄一本「6分鐘日記」吧！

在旅程的當下，一些很好的習慣像是感恩、正念，還有每日自省，大多已經成為你的習慣了；但是那些舊的、不想要的習慣呢？跟一般人以為的不一樣，這些不想要的習慣神經路徑從未眞正消失。其實這些根深柢固的習慣，無論新舊，都是我們體內的實際結構，這些結構的所在位置，就是大腦中處理習慣養成的區域——所謂的基底核。當一個習慣在你的生活中生根時，它也同時在大腦中建立了神經路徑。因此，老舊壞習慣的神經結構依然留在我們的大腦中，只要我們沒專注於維持新養成的好習慣，它就會重新啓動。

既然過去的行為總是在我們體內，隨時準備重新啓動，所以你必須確定自己不會落入老舊的行為模式中。堅持你的每日、每週、每月例行事項，讓好的改變成為你生活的一部分，並切記要帶著感恩的態度。

/ /

我很感恩……

1.

2.

3.

我要讓這一天變得很棒的方法

正向自我肯定

每週挑戰

研究顯示，我們非常善於偵測別人的錯誤，卻看不太出自己的錯；
就算你對自己有堅定看法，但外在視角還是能提供新的動力和珍貴的思想糧食。
你最重視誰的意見呢？詢問那個人，他覺得你可以怎麼改進自己。
再怎麼糟，或許你還是能得到關於自己的新看法：)

我今天做的好事

我要如何改善？

我今天經歷的美好事物／幸福時刻

1.

2.

3.

/ /

我很感恩……

1.

2.

3.

我要讓這一天變得很棒的方法

正向自我肯定

雖然你看見別人的七個錯誤，卻看不見自己的十個錯誤。

——日本諺語

我今天做的好事

我要如何改善？

我今天經歷的美好事物／幸福時刻

1.

2.

3.

/ /

我很感恩……

1.

2.

3.

我要讓這一天變得很棒的方法

正向自我肯定

如果我們沒有勇氣去嘗試任何事物，人生會是什麼樣子？

——梵谷

我今天做的好事

我要如何改善？

我今天經歷的美好事物／幸福時刻

1.

2.

3.

/ /

我很感恩……

1.

2.

3.

我要讓這一天變得很棒的方法

正向自我肯定

我的經驗是，沒有缺點的人，也沒有什麼美德。

——林肯

我今天做的好事

我要如何改善？

我今天經歷的美好事物／幸福時刻

1.

2.

3.

/ /

我很感恩……

1.

2.

3.

我要讓這一天變得很棒的方法

正向自我肯定

的確，這世界上最能讓我們被他人需要的，就是我們對他們的愛。

——歌德

我今天做的好事

我要如何改善？

我今天經歷的美好事物／幸福時刻

1.

2.

3.

/ /

我很感恩……

1.

2.

3.

我要讓這一天變得很棒的方法

正向自我肯定

有些人感受雨水，有些則只是淋濕而已。
——巴布．馬利

我今天做的好事

我要如何改善？

我今天經歷的美好事物／幸福時刻

1.

2.

3.

/ /

我很感恩……

1.

2.

3.

我要讓這一天變得很棒的方法

正向自我肯定

好的判斷來自經驗，而許多經驗是來自於壞的判斷。

——威爾．羅傑斯（美國喜劇演員）

我今天做的好事

我要如何改善？

我今天經歷的美好事物／幸福時刻

1.

2.

3.

心情紀錄

每週問題

幾年前，你常在擔心什麼事？任何其中一件事現在還重要嗎？是什麼改變了？

友誼當中你最重視的是什麼？那你自己實踐到什麼程度？

上一次你純粹依靠自己身體的強烈直覺是什麼時候？
那令你有什麼感覺，你的決定結果如何？

你愛著誰，而當你跟他們在一起時，你都以什麼方式表現自己？
你又怎麼跟所愛的人表達你的愛意？

你收過最貼心的禮物是什麼？你覺得自己送給他人的禮物中，哪個是最棒的？

/ /

我很感恩……

1.

2.

3.

我要讓這一天變得很棒的方法

正向自我肯定

每週挑戰

「你好嗎？」「最近怎麼樣？」

這些問題就跟它們的答案一樣，已經退化成空洞的詞彙了。

如果你是真心的想要聽到真實回答，不只是機器人般的「很好啊，你呢？」就改問：「你最近都在想什麼？」看看這麼小的調整，能帶來多大的不同。

我今天做的好事

我要如何改善？

我今天經歷的美好事物／幸福時刻

1.

2.

3.

/ /

我很感恩……

1.

2.

3.

我要讓這一天變得很棒的方法

正向自我肯定

昨天我很聰明，所以我想要改變世界；今天我很有智慧，所以我正在改變自己。

——魯米

我今天做的好事

我要如何改善？

我今天經歷的美好事物／幸福時刻

1.

2.

3.

/ /

我很感恩……

1.

2.

3.

我要讓這一天變得很棒的方法

正向自我肯定

快樂的藝術，在於從平凡事物中汲取出快樂的力量。

——亨利．沃德．比徹（美國社會改革家）

我今天做的好事

我要如何改善？

我今天經歷的美好事物／幸福時刻

1.

2.

3.

/ /

我很感恩……

1.

2.

3.

我要讓這一天變得很棒的方法

正向自我肯定

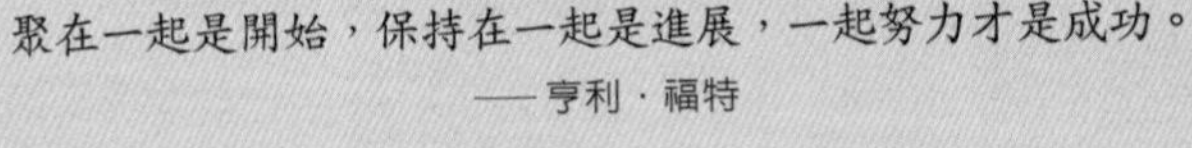

我今天做的好事

我要如何改善？

我今天經歷的美好事物／幸福時刻

1.

2.

3.

/ /

我很感恩……

1.

2.

3.

我要讓這一天變得很棒的方法

正向自我肯定

沒有人應該因承認自己的錯誤而感到羞恥，
因為換句話說，那也不過是今天的他們比昨天的他們聰明而已。
——亞歷山大・波普（英國詩人）

我今天做的好事

我要如何改善？

我今天經歷的美好事物／幸福時刻

1.

2.

3.

/ /

我很感恩……

1.

2.

3.

我要讓這一天變得很棒的方法

正向自我肯定

去想你擁有的，而不是你缺乏的。而在你擁有的事物中，選出最好的，
然後想想，如果你沒有它們，你會多麼渴望得到它們。
——馬可．奧里略

我今天做的好事

我要如何改善？

我今天經歷的美好事物／幸福時刻

1.

2.

3.

/ /

我很感恩……

1.

2.

3.

我要讓這一天變得很棒的方法

正向自我肯定

別用你自己的學識去限制孩子，因為他是在另一個時代出生的。

——泰戈爾

我今天做的好事

我要如何改善？

我今天經歷的美好事物／幸福時刻

1.

2.

3.

心情紀錄

每週問題

你要如何對自己更和善？

如果你從早上8點到晚上7點都不能進家門、不需要去工作，
而你的孩子有人照顧，那麼你會用這段時間來做什麼？

你上一次「第一次」做一件事是什麼時候？你有什麼感覺？

如果你要根據你的人生來導演一部電影，請用一句話形容它的劇情。
誰要扮演你，為什麼是這個人？

現在你所能想到的兩個最美好的想法是什麼？

你的每月檢視

整體情緒	1	2	3	4	5	6	7	8	9	10
感恩	1	2	3	4	5	6	7	8	9	10
正念	1	2	3	4	5	6	7	8	9	10
家庭	1	2	3	4	5	6	7	8	9	10
朋友	1	2	3	4	5	6	7	8	9	10
伴侶	1	2	3	4	5	6	7	8	9	10
娛樂	1	2	3	4	5	6	7	8	9	10
平靜與安詳	1	2	3	4	5	6	7	8	9	10
自己的時間	1	2	3	4	5	6	7	8	9	10
健康飲食	1	2	3	4	5	6	7	8	9	10
喝水	1	2	3	4	5	6	7	8	9	10
運動與活動	1	2	3	4	5	6	7	8	9	10
外出	1	2	3	4	5	6	7	8	9	10
健康	1	2	3	4	5	6	7	8	9	10
創造力	1	2	3	4	5	6	7	8	9	10
財務	1	2	3	4	5	6	7	8	9	10
工作與教育	1	2	3	4	5	6	7	8	9	10
思想與情緒	1	2	3	4	5	6	7	8	9	10
當下	1	2	3	4	5	6	7	8	9	10
未來	1	2	3	4	5	6	7	8	9	10

你的每月習慣追蹤表 ______________

1	2	3	4	5	6	7	8	9	10	11	12	13	14	15	16
17	18	19	20	21	22	23	24	25	26	27	28	29	30	31	

你的每月習慣追蹤表 ______________

1	2	3	4	5	6	7	8	9	10	11	12	13	14	15	16
17	18	19	20	21	22	23	24	25	26	27	28	29	30	31	

巨大的里程碑

……你辦到了！

你值得被好好嘉獎，而且有充分的理由感到自豪，因爲你已完成你的「6分鐘日記」了！現在，你感覺如何？你完全有資格感到偉大與榮譽……

花幾分鐘翻閱這本日記，吸入滿足，吐出懷疑，犒賞自己一樣特別的東西，欣賞你已經完成了這麼多，從中吸收能量面對未來的目標和挑戰。別忘了要眞的珍惜你已經完成的！享受你的成果，讓成功滲入你體內。

現在，看看你的每月檢視表，回憶一下這趟朝積極面改變的旅程。你更加認識了自己的哪一面？你何時擁有最強烈的成就感？自從使用這本日記開始，你的哪些態度和行爲改變了？

最後，這裡有個小小的問題：你今天的好行爲是什麼？你的答案是：我分享了寫「6分鐘日記」的經驗：）

請透過這個網站與大家分享：createurbestself.com

也可以在Instagram上互動：@createurbestself

心情紀錄

今天所做的一切，

都將改善你的每個明天。